# DAS ERBE

Der Herr hat's gegeben, der Herr hat's genommen,

sagte der Pfarrer am Grabe,

dann ging er, nachdem er entgegen genommen hatte

noch eine milde Gabe.


Die Trauergemeinde blieb zurück,

doch würdigten sie das Grab mit keinem Blick.

Gleich standen sie in Gruppen zusammen

und redeten um den Verstorbenen noch einmal zu verdammen.


„Wie konnte er das machen,

da vergeht mir ja sogar das Lachen."

Was dachte er sich dabei,

so eine Sauerei.


Hass und Neid lag in der Luft,

vermischt mit Totenblumenduft.

Die Trauergemeinde war ein trauriger Verein,

alle waren sie hinterhältig und gemein.

Doch der Verstorbene hatte sie alle gekannt wie sie waren,

darum hinterließ er sein üppiges Erbe nicht ihnen,

sondern spendete es an „Brot für die Armen".

**ZURÜCK**

Einmal muss jeder gehen

und auch vor mir bleibt das Unendliche nicht stehen,

auch meine Seele will eines Tages wieder fort,

zurück an ihren Ursprungsort,

sie will zurück in ihre Heimat gehen,

denn das Unendliche bleibt für immer bestehen.


Sie geht zurück an den Ort,

von dem sie einst flog zur Erde hinfort,

mein Körper wird vergehen,

doch meine Seele bleibt ewig bestehen.


So seid nicht traurig bin ich nicht mehr da,

für mein ureigenes Ich wird es wunderbar.

**ZUSAMMEN AM STRAND**

Sie gingen zusammen an den Strand,

sie gingen zusammen Hand in Hand,

sie wollten zusammen noch einmal den Sonnenuntergang sehen,

bevor die Welt aufhört sich zu drehen.


Sie liebten sich seit zwei Jahren

und doch hatten sie in so kurzer Zeit so viel Leid erfahren.

Sie wurde schwer krank, er blieb Tag und Nacht bei ihr,

doch jetzt sagten die Ärzte: „Das Ende steht vor der Tür".


Ein Leben lang waren sie allein gewesen,

sie fanden erst im Altenheim zusammen

und jetzt kam die Not,

jetzt kam der Tod.

„Das ist nicht fair", sagte er zu ihr,

sie streichelte ihm liebevoll übers Gesicht,

„vergiss mich nicht".


Sie gingen zusammen an den Strand,

sie gingen zusammen Hand in Hand,

noch einmal zusammen den Sonnenuntergang sehen,

noch einmal zusammen Hand in Hand am Ufer stehen,

es war für sie das Ufer des Lebens,

so lange hatten sie sich gesucht vergebens.


Sie gingen zusammen an den Strand

und eine große Liebe sie verband,

mussten sie sich auch bald trennen,

sie würden sich im Himmel wieder erkennen.

## ZUSAMMENGEHEN

Wenn du mich brauchst,

ich bin immer für dich da,

wenn du mich irgendwann lieben willst, sag' einfach leise „Ja",

wenn du traurig und einsam bist,

wenn tausend Tränen rinnen über dein Gesicht,

wenn du mich brauchst,

ich bin immer für dich da.

Wenn du mich lieben willst, sag' einfach leise „Ja",

immer bin ich bei dir, heute, morgen, dort und hier,

nie bist du allein,

selbst im Tode werde ich bei dir sein.

Und wenn du mich nicht lieben kannst,

schick' mich nicht weg,

als Freund erfülle ich auch noch meinen Zweck.

Lass' mich an deiner Seite stehen,

lass' uns den Weg zusammen gehen.

## DAS GESICHT

Sie war eine Frau in den besten Jahren,

schaute man ihr ins Gesicht, konnte man vieles über sie erfahren,

man sah ihr an, dass ihr Leben schon schwer begann.


Man sah ihr an, dass in ihrem Leben nicht oft die Sonne scheint,

man sah ihr an, dass sie hatte oft geweint.

Man konnte auch sehen,

dass sie oft musste ihren Weg alleine gehen.

Man sah auch die vielen Nächte voller Verzweiflung und Leid,

als sie alleine war und niemand hatte für sie Zeit.


Viele Narben hatten sich in ihr Gesicht gegraben,

das Leben hatte es ihr nicht leicht gemacht,

schon lange hatte sie nicht mehr gelacht.

Man sah viele Falten in ihrem Gesicht

und vom Lachen kamen diese nicht.

Sie hatte nicht das Gesicht einer schönen Maid,

aber sie strahlte aus eine wunderbare Persönlichkeit.

Das Leben hatte sie geformt und stark gemacht,

tief saßen diese Spuren in ihrem Gesicht,

doch das störte sie nicht.

Sie schaut jetzt nach vorn und nicht zurück

und hofft auf ein bisschen Glück.

## AN WEIHNACHTEN

Weihnachten, das ist `ne super Zeit,

da werden alle Herzen weit.

An Weihnachten werden viele Geschenke gemacht,

an Weihnachten wird auch mal wieder von Herzen gelacht.

An Weihnachten kommt die Verwandtschaft zum Essen,

und nach dem Essen werden die Kräfte gemessen.

An Weihnachten ist man sich sehr nah für längere Zeit,

dann gibt es an Weihnachten auch mal Streit.

An Weihnachten wird auch mal kurz an Jesus gedacht,

bevor man mit übervollem Bauch sagt „Gute Nacht".

An Weihnachten werden die Herzen weit,

ja, Weihnachten ist eine schöne Zeit.

## WORTE

In deinem Leben wird es viele Wunden geben,

die Wunden werden vergehen, die Narben bleiben bestehen.


Jede Wunde wird dich schmerzen,

vieles wird dir gehen tief zu Herzen.


Die Wunden verheilen, irgendwann,

doch die Narben werden dich immer erinnern daran.


Viele Kämpfe wirst du bestehen,

und dabei hoffentlich niemals untergehen.


Du wirst viel sehen in deinem Leben,

versuche nicht wegzuschauen, versuche auch zu geben.


Du bist jung und stolz,

vergiss nicht, du bist aus gutem Holz.


Das Leben ist weit und schön,

du musst es zu Fuß begehen.


Bleib mit beiden Beinen auf dem Boden,

lass dich nicht in den Himmel hinauf loben.


Von ganz oben fällt man sehr tief,

deine Neider freuen sich, wenn du liegst schief.

Versuche sauber durchs Leben zu gehen,

du musst kein Engel sein,

vielleicht lässt man dich später auch so in den Himmel ein.

## DEINE FLÜGEL - DEINE TRÄUME

Du bist jung und willst dich erheben,

doch du bleibst am Boden kleben.

Du schwingst deine Flügel, willst nach oben fliegen,

doch deine Flügel sich nach unten biegen.

Nach oben wirst du nie kommen – deine Last ist zu schwer,

du bleibst am Boden und lebst hier.

Doch deine Träume kann dir keiner nehmen,

in deinen Träumen kannst du überall sein,

in deinen Träumen fliegst du stolz in deinen Himmel hinein.

## DAS KREUZ

Seh' ich ein Kreuz am Straßenrand stehn,

kann ich nicht einfach vorüber gehen.

Wer war der Fahrer,

was hat er falsch gemacht,

warum hat es da so fürchterlich gekracht?

Musste der Baum da wirklich stehn,

konnte dieser Kelch nicht an ihm vorüber gehn?

Jung, männlich, schnell und tot,

wen stürzte er so in tiefste Not?

Ich denke:

Die Freundin weint noch heute,

die Eltern sagen kein Wort,

nichts ist ihnen geblieben,

er ist für immer fort.

Doch jetzt erst lese ich das Namensschild,

das da am Kreuze angebracht,

und ich höre wie der Satan leise lacht.

„Yvonne" steht da geschrieben,

„Ein Glas weniger und du wärst bei uns geblieben".

## DER TIERFREUND

Das Auto fuhr in „Schlangenlinie" vor ihnen her,

sie überholten es und fragten den Fahrer,

warum Geradefahren für ihn sei schwer.

„Herr Polizist, es hat geregnet und am Straßenrand viele Regenwürmer liegen

und wenn ich darüber fahre, sie sich im Todeskampf biegen."


Die Polizisten schauten sich an

und ließen ihn in ein Röhrchen pusten dann.

Sie haben 0,00 Promill',

das ist nicht viel,

scherzten sie und ließen ihn fahren weiter,

so war er auf der Tierschutzleiter

einen großen Schritt nach oben weiter.

## DER FIRMENFAHRER

Lange Jahre fuhr er ihn nun schon,

oft erhielt er als Dank nur Spott und Hohn,

mit dem Mercedes auf der Autobahn,

er musste immer nur links fahren.


Zeit hatte sein Chef nie, immer Vollgas,

bis zitterte ihm das rechte Knie.

„Schneller, schneller Mann",

sonst kommen wir ja nie pünktlich an".


Manchmal kam er sich vor,

wie ein dummer, kleiner Tor,

wie eine Marionette, die an Fäden hing,

der auf der Autobahn das Lachen verging.


Doch eines Tages musste er halten an einer Raststätte an

und zu seiner Verwunderung sein Chef traurig zu sprechen begann:

„Das wird wohl das letzte Mal sein,

dass wir fahren hier,

denn es ist viel geschehen

und ich werde aus der Firma gehen.

Jetzt habe ich noch einen letzten Gang

und davor ist mir ganz bang".


Zwei Schnäpse für seinen Chef und eine Cola für ihn,

sein Chef bezahlte und die Fahrt weiterging.

Es war schon spät, als sie fuhren zurück,

er dachte sich, was habe ich für ein Glück.

Nie möchte ich Chef sein,

denn nie möchte ich so traurig fahren heim.

## DIE BAHN

Bedächtig hält er sie in der Hand,

die kleine Lokomotive,

das ist für ihn gegen Stress und Frust die beste Alternative.

Behutsam setzt er sie auf die Gleise und koppelt die Wagen an,

nun zieht sie langsam ihre Kreise und er schaut sie fasziniert an.

Ja, sein Hobby ist die Modelleisenbahn.


Sie fährt vorbei an Häusern, Wiesen und Tälern,

sie fährt im großen Bahnhof ein

und es steigen die Leute ein.

Hier auf der Bahn ist er Bürgermeister und Minister,

hier auf der Bahn hat er das Sagen,

hier braucht er keinen um Erlaubnis fragen.

Diese kleine Welt gehört ihm allein,

hier kann er Lokführer oder Schlossbesitzer sein.

In dieser kleinen Welt der Eisenbahn

lebt er seinen Traum,

hier kann er als Lokführer mal ganz nach vorne schauen.

# DER APFELBAUM

Viele Jahre stand er schon da,

spendete Trost und Schatten,

die Menschen wussten genau,

was sie an ihm hatten.


Im Sommer, wenn seine Blätter grün,

er ihnen doppelt so groß erschien.

Köstliche Äpfel schenkte er ihnen im Herbst,

im Winter zog er sich zurück

und machte sich ganz klein,

um im nächsten Frühjahr wieder der alte zu sein.


Manch verliebtes Paar ritzte Initialen in seine Haut,

er sah zu, wie manches Mädchenherz wurde geraubt.

Wenn im Herbst die Stürme brausten

und sein Haar zerzausten,

musste er sich mächtig biegen

und sich im Winde wiegen.


An manchem Lagerfeuer wurden seine Äpfel gebraten,

wie alt er war, konnte man nur raten.

Immer schon stand er hier an seinem Platz,

er gehörte zu dem Bauernhof, wie Hund und Katz.

Durch sein Geäst kletterten viele Mädchen und Jungen,

unter seinen Blättern wurden fröhliche Lieder gesungen.

Wurde gesungen und wurde gelacht,

wurde viel Unsinn gemacht.

Doch nun, nach all den Jahren voll fröhlichen Lebens,

warten die Menschen auf seine Äpfel vergebens.

Alles Irdische muss einmal vergehen

und Äpfel wird man an ihm nicht mehr sehen.

Gegangen ist er zu seinen Wurzeln zurück,

wir wünschen ihm viel, viel Glück.

## **DU BIST MEIN ENGEL**

Du bist der Engel in meinem Herz,

du bist der Engel, der vertreibt jeden Kummer und jeden Schmerz.

Du bist meine Sonne, du bist mein Licht,

geh' ich weg, vergess' ich dich nicht.

Du bist meine Nacht, du bist mein Tag,

ohne dich ich nicht mehr leben mag.

Du bist einfach alles für mich,

was wäre ich ohne dich?

Ich weiß genau, ihr denkt jetzt es geht um eine Frau,

doch in nichts auf der Welt kann man sich so verlieben,

wie in einen BMW der Marke „Sieben".

## ZUR ERINNERUNG AN FRAU G.

Jahrelang pflegte sie schon ihren schwerkranken Mann,

die Ärzte sprachen „er hat nicht mehr lang".


Für ihn da sein musste sie Tag und Nacht,

viele schwere Stunden sie zusammen verbracht.

Ohne Spuren ging das auch nicht an ihr vorüber,

abends schmerzten ihr oft die Glieder.


Auch mit ihrer Gesundheit ging es bergab,

doch sie sagte sich immer,

ihm geht es viel schlimmer.


Irgendwann ging es nicht mehr,

die heimtückische Krankheit nagte jetzt auch an ihr.

Man musste bringen ihren Mann in ein Heim,

sie konnte ihn nicht mehr pflegen allein.


Jetzt saß sie zuhaus'

und die Zukunft sah traurig aus.

Ihre schon erwachsenen Kinder und die Nachbarn

schauten oft nach ihr,

doch kämpfen musste sie allein

um wieder gesund zu sein.

Nie hörte man sie klagen,

dabei musste sie große Schmerzen ertragen.

Sie war eine alte, aber starke Frau,

nie sprach sie von Tod oder ihren Leiden,

nie wollte sie Schwäche zeigen.


Nie sprach sie aus die Krankheit mit Namen,

sie wollte kein Mitleid, sie wollte kein Erbarmen.

Dann, irgendwann musste sie ins Krankenhaus

und dort hauchte sie ihr Leben aus.


Zu ihrer Beerdigung kamen viele Menschen;

es wurde viel geweint und an sie gedacht.

sie hat von oben zugeschaut und leise gelacht.


Was übrig bleibt ist die Erinnerung an eine starke Frau,

sie wohnt jetzt im Himmel, das weiß ich genau.


P.S.

„Liebe Frau G.,

Ihr altes, weißes Fahrrad wollte niemand haben,

so habe ich es repariert und einer jungen Frau geschenkt,

die beim Fahren auch an Sie denkt.

Ich weiß, Sie haben nichts dagegen,

denn im Himmel können sie ja nun fliegen."


Ihr Peter Schulz

## ALL MEINE TRÄUME

All' meine Träume drehen sich nur um dich,

Du bist im Dunkel dieser Welt mein helles Licht,

bist du nicht bei mir,

sind doch all' meine Gedanken immer bei dir.

Ich brauche kein Geld,

nicht den Segen der Welt.

Ich brauche nur dich,

du bist mein Lebenslicht.

Bei dir möchte ich immer sein,

bitte lass' mich niemals allein;

denn solltest du einmal gehen,

könnte ich auf dieser Welt nicht mehr bestehen.

All' meine Träume drehen sich nur um dich,

du bist die Sonne, du bist mein Licht.

Du bist mein Licht in dunkler Nacht,

du hast mich erst wirklich nach Hause gebracht.

Du bist mein Engel in der Nacht und am Tag,

ich nicht mehr ohne dich sein mag.

All' meine Träume drehen sich nur um dich,

keinen Schatten wirft dein helles Licht auf mich.

Ohne deine Liebe kann ich nicht sein,

lass' mich nie allein.

Ohne Hoffnung wäre mein Leben

würde es dich nicht geben.

Du hast gesagt, du bleibst immer bei mir

und ich glaube dir.

## EIN KLEINES LICHT

Ein kleines Licht in dunkler Nacht,

es leuchtet nicht weit

doch für mich ist es die Glückseligkeit.

Ein kleines Licht in dunkler Nacht

hat über mich unheimlich Macht.

Ein kleines Licht in dunkler Nacht

es leuchtet nur für mich,

das kleine Licht in dunkler Nacht

das hast du nur für mich angemacht.

## AM MONTAG NACH DEM URLAUB

Am Montag nach dem Urlaub versinke ich in Selbstmitleid,

am Montag nach dem Urlaub tu' ich mir furchtbar leid.

Am Montag nach dem Urlaub habe ich schon morgens wieder keine Zeit,

am Montag nach dem Urlaub lauf' ich den ganzen Tag herum als sei ich tot,

am Montag nach dem Urlaub habe ich die größte Not.

Am Montag nach dem Urlaub wünschte ich nie wach zu werden,

am Montag nach dem Urlaub bin ich der ärmste Mensch auf Erden.

Am Montag nach dem Urlaub denke ich, das kann doch wohl nicht sein,

am Montag nach dem Urlaub bin ich echt ein armes Schwein.

Am Montag nach dem Urlaub muss ich wieder früh aufstehen,

am Montag nach dem Urlaub kann ich kaum aus den Augen sehen.

Am Montag nach dem Urlaub wünsche ich die ganze Arbeitswelt auf den Mond,

am Montag nach dem Urlaub dann der Chef wieder übermächtig vor mir „thront".

Am Montag nach dem Urlaub möchte ich nur schnell wieder nach Haus',

am Montag nach dem Urlaub möchte ich nur nehmen „Reißaus".

Am Montag nach dem Urlaub habe ich nur den nächsten Urlaub im Sinn,

doch leider ist es noch unendlich lange bis dahin.

## CARMEN

Arroganz hat einen Namen „Carmen".

Sie war die Schönste auf der Welt,

auf ihrem Bankkonto befand sich auch eine nicht unbeträchtliche Summe Geld.

Carmen ging nicht nur irgendwo hin,

sie erschien,

Carmen war nicht von dieser Welt,

Carmen hatte auch nie gearbeitet für ihr Geld.

Sie pflegte ihren Champagner nur aus pompösen Kelchen zu trinken

und in Selbstzweifel würde sie niemals versinken,

erhobenen Hauptes schritt sie einher,

anderen nichts zu geben fiel ihr nicht schwer.

Innerlich eigentlich leer,

konnte sie sowieso nichts geben her.

In ihrer Luxuslimousine ließ sie sich von einem Event zum anderen fahren,

gelangweilt und eigentlich schon tot,

doch sie bemerkte nichts von ihrer Seelennot.

Sie glaubte immer noch die Größte zu sein,

doch war sie in ihrem Leben unglaublich allein.

**ANDERE SORGEN**

Auf den Gräbern stehen Steine,

auf den Steinen stehen Namen,

doch alle sind sie hier tot, aus, Amen.


Da auf jedem Grab andere Blumen liegen,

sind die Gräber sehr verschieden.

Dass aber auf den Grabsteinen auch Berufe und Titel stehen,

kann ich nicht richtig verstehen.

Würde es nicht reichen, man bringt nur den Namen der Toten am Steine an,

wem ist mit den Berufen und Titeln noch etwas Gutes getan?

Die Toten haben solche Sorgen nicht mehr,

ihr Platz im Leben ist und bleibt leer.

Die Titel sind nur Schauspiel fürs menschliche Leben,

oben aber wird nachgefragt: „Was hast du gegeben?"

## EIN KIND GEHT FORT

„Du Engel, was machst du hier?"

„Bitte folge mir."

„Wohin wollen wir gehen?"

„Du wirst jetzt den Himmel sehen."

„Ist es weit in den Himmel hinein?"

„Nur einen Augenblick und bedenke, du bist nicht allein."

„Du Engel, kommst du mit auf die Fahrt dorthin?"

„Darum bin ich hier, das ist der Sinn."

„Sind Papa und Mama dann ganz allein?"

„Sie werden bald wieder bei dir sein."

„Du lässt mich nicht allein?"

„Nein, du kannst dir ganz sicher sein,

  ich bin dein und du bist mein,

  immer schon war ich bei dir,

  du gehörst zu mir,

„Okay, dann lass uns gehen,

  ich will jetzt den Himmel sehen."

## EIN LEBEN LANG

Ich kann dir keine Sterne vom Himmel holen,

denn die sind zu weit oben.

Gerne würde ich dir den Himmel zeigen,

doch wir werden hier auf der Erde bleiben.

Meine Liebe ist alles was ich dir geben kann,

aber das ein Leben lang.

**EIN NEUES LICHT IM LEBEN?**

Wenn die Sonne untergeht,

dann kommt die lange Nacht,

endlos scheint sie wieder zu werden,

denn du hast niemanden mehr auf Erden.

Nur der Himmel fühlt deinen Schmerz,

er lässt es regnen in dein ausgebranntes Herz.

Weine, vielleicht hilft es dir in deiner Not,

oder ist wirklich in dir schon alles tot?

Schreie es heraus, das Leid, das in dir lebt,

das an deiner Seele klebt,

lass' es endlich gehen,

sag' ihm du willst es nie mehr sehen.

Endlos ist auch diese Nacht,

niemand der mit dir wacht,

du schaust in die dunkle Nacht,

ob deine Seele jemals wieder lacht?

Wird es jemals eine neue Liebe geben,

die bringt neues Licht in dein Leben?

## ENGELSTRÄNEN

Wenn am Morgen der Tau auf der Wiese liegt,

ist wieder irgendwo auf dieser Erde Krieg.

Man sagt, der Tau sei die Tränen der Engel

und weinen müssen die Engel immerfort,

denn irgendwo auf dieser Welt ist immer ein Kriegsort.

Irgendwo wird immer einer sein,

der schlagen will einem anderen den Schädel ein.

Irgendwo muss einer immer neue Waffen ausprobieren,

Irgendwo muss man immer den neuen billigeren Tod studieren.

Die Tränen der Engel fallen auf diese Welt,

Morgentau wird es hier immer geben,

doch vielleicht nicht mehr in einem anderen Leben.

**ER SPÜRTE ZUM ................**

Er spürte zum ersten Mal was Traurigkeit ist,

er spürte zum ersten Mal wie es ist,

wenn man jemanden ganz fest vermisst.

Er spürte zum ersten Mal den Schmerz in seinem Herz.

Er spürte zum ersten Mal wie er einen Menschen liebt

und ihm alles gibt.

Er spürte zum ersten Mal das Hoch und Tief,

wenn man ist ganz doll verliebt.

Er war zwar erst sieben,

doch seine Lehrerin tat er ganz feste lieben.


---------------Open End------------------

## ERSTE FREIHEIT

Geld war nicht da

und für weniger wurde der Traum nicht wahr.

Der Traum in Silber und Rot,

mancher Jugendliche fuhr damit in den Tod.

Ein 50-Kubik-Motorrad von Kreidler war der Traum einer ganzen Generation,

wer wollte eine andere Maschine schon?

Gefahren wurde damals ohne Helm und eigentlich immer ohne Verstand,

doch die Liebe zur Maschine uns alle verband.

Daheim war das Spießertum zuhaus',

wir wollten alle nur immer schnell wieder raus.

Unsere Erziehung war streng,

man musste machen was die Eltern wollten,

pünktlich zuhause sein war Pflicht,

sonst klappte das mit dem Essen nicht.


Doch eines abends im Mai

kam ein Schulkollege spät vorbei,

er hatte den Traum wahrgemacht,

der Traum stand in Silber und Rot da,

es war für uns einfach wunderbar.

Das Schönste was es in jener Zeit für uns auf Erden gab

und als wir fuhren dachte keiner an sein Grab.

Es war schon dunkel und wir fuhren mit Licht,

an die Polizei dachten wir nicht.

Die Maschine hatte keine Versicherung und keinen TÜV,

doch auch daran dachten wir nicht.

Der Wind zerzauste die langen Haare,

in die Kurven „legten" wir uns schräg hinein,

ein 15-Jähriger kann mächtig mutig sein.

Es war ein wunderbares Gefühl von Freiheit, die wir sonst nie hatten,

mit dieser Fahrt lebten wir unseren Traum,

wir wollten nicht zurück und auch nicht nach vorne schau'n,

wir wollten nur fahren unseren Traum.

Diese Fahrt in dieser Nacht

hat uns dem Himmel ein Stück nahe gebracht.

Es gab nur die Kreidler und den Asphalt,

wir fuhren ohne Jacken, aber uns war nicht kalt.

Nie mehr im Leben war eine Fahrt so schön,

so unendlich frei,

doch leider auch diese Fahrt war einmal vorbei.

Der Motor fing zu stottern an, ging dann aus

und wir schoben die Maschine nach Haus'.

Ohne Benzin läuft keine Kreidler der Welt

und zum Tanken hatten wir beide kein Geld.

Das Schimpfen der Eltern war egal, hörten wir nicht,

wir hatten in dieser Nacht das pure Leben gesehen

und es war unsagbar schön.

## ERWACHSEN WERDEN

Trostlosigkeit erfüllte ihr Herz,

alles was sie fühlte, war nur noch Seelenschmerz.

Bis jetzt hatten sie ihr Leben geteilt,

immer hatten sie füreinander Zeit,

viele Jahre war er bei ihr gewesen,

sie hatten zusammen gespielt, hatte zusammen Bücher gelesen.

Sie hatten zusammen geteilt Freud' und Leid

und nie, gar nie hatten sie Streit,

alles konnte sie ihm sagen,

nie hörte sie von ihm Klagen.

Er war Mittelpunkt ihres Lebens,

immer war er da, nie wartete sie vergebens.

Er war Berater und Freund,

ihm konnte sie alles sagen,

sie wusste, er würde nichts „weitertragen",

und jetzt lag der kleine, braune Teddy achtlos im Eck,

sie selbst hatte ihn dorthin gelegt.

„Ach, Gott, ist das ungerecht auf Erden,

muss ich wirklich jetzt schon erwachsen werden?"

## FLIEG MIT MIR

Flieg mit mir zu den Sternen hoch hinauf,

lass' die Dinge unten auf der Erde nehmen ihren eigenen Lauf.

Flieg mit mir ganz weit fort, ganz weit fort,

an einen wundervollen Ort.

Weit hinaus ins Weltenall,

vielleicht hören wir ja sogar unseren eigenen Urknall.

Unwichtig sind die Dinge auf Erden,

das Jagen nach Macht, Ruhm und Geld,

bei den Sternen bauen wir uns eine neue, bessere Welt.

Komm, lass uns fliegen immer weiter hinfort,

lass' uns zusammen sein an einem neuen, schöneren Sternenort.

Und auf dem Ortsschild wird stehen:

„Unsere Liebe wird niemals untergehen".

## FRÜH MORGENS

Es hat geregnet in der Nacht,

am Morgen ist er früh aufgewacht.

Die Straßen sind noch leer

und er sehnt sich so nach ihr.

Früh ging sie schon aus dem Haus,

sie sagt nur kurz „Tschüss Klaus".

Jetzt war es still und er schaute versonnen aus dem Fenster hinaus,

bald würde sie ja wiederkommen,

dachte er etwas beklommen

und trotzdem wäre es schön,

müsste sie nicht jeden Morgen so früh gehen,

doch jemand muss ja tragen von Haus zu Haus

die Zeitung aus.

## GOTTES GNADE

Vieles was geschieht auf Erden

wird niemals verstanden werden.

Warum ich und nicht er,

das Schicksal zu akzeptieren fällt sehr schwer.

Geht es gut man nicht daran denkt,

wer die Geschicke lenkt,

kommt Krankheit und Not,

man schimpft über seinen Gott.

Könnten wir unser Leben selber machen,

hätten andere nichts zu lachen.

Wie ein Streichholz  im Wind

unsere guten Gedanken sind,

aufflammen, heiß brennen und verlöschen,

doch die Asche, die bleibt, uns weitertreibt,

oft zünden wir ein Streichholz an, aber löschen es selbst sofort wieder,

ziehen uns selbst nieder,

ein Hölzchen brennt so lang

bis es nicht mehr brennen kann.

Eine Träne, getrocknet durch den Wind,

die Angst vor dem Unbekannten nimmt,

Himmel und Erde, dunkel und hell,

langsam und schnell, fest und weich, leicht oder schwer,

alles kommt von Gottes Gnaden her.

## GESCHMIEDET

Was bedeutet schon ein Leben,

wie viel kann ein Leben uns geben.

Wir leben es ab,

bis hin zum Grab.

Gibt uns das Leben alles oder gibt es uns nichts,

steh'n wir im Schatten oder steh'n wir im Licht.

Ein Leben reicht manchmal nicht aus,

um alles Schöne zu sehen,

ein Leben ist manchmal zu lang,

wenn wir durch Schmerzen müssen gehen.

Ist das Leben gerecht oder nicht,

liebt es dich oder liebt es mich.

Wann ist unser Leben lebenswert,

was machen wir beim Leben nicht alles verkehrt.

Nicht ein Leben wird umsonst gelebt;

der Mensch muss geschmiedet sein,

soll er gehen ins helle Licht hinein.

## HEILIG?

Wenn sie einen Raum betrat war sie nie allein,

es begleitete sie immer ihr Heiligenschein,

sie füllte jeden Raum mit Wärme aus

und an ging das Licht in jedem Haus.

Sie war das pure Lieben und Verstehen

und jeder wollte zu ihr gehen.

Nie war sie unbeherrscht oder gemein,

die Leute sagten, das muss eine Heilige sein.

Doch am Abend ging ihr strahlendes Licht aus

und dunkel wurde es im Haus.

Dann streifte sie über ihr Ledergewand

und nahm die Peitsche in ihre Hand.


Heilige gibt es keine auf Erden,

viele wollen schlagen und geschlagen werden.

## **HEIMWEH**

Warst du schon einmal weit fort von daheim,

warst du schon einmal ganz allein?

Haben dich schon einmal die Abendstunden gequält,

hat dir schon einmal der Hunger gefehlt?

Weißt du, wie das ist, wenn man traurig ist?

Weißt du, wie das ist, wenn man seine Heimat vermisst?

Weißt du, wie das ist, wenn man vor Heimweh wach wird in der Nacht

Und keiner sich mehr mit dir freut und mit dir lacht?

Warst du schon einmal am Fenster mitten in der Nacht

Und hast nur noch an zuhause gedacht?

Und dann – irgendwann – bist du daheim

Und du willst nie mehr alleine sein.

## IM MORGENGRAUEN 14/18

Der Tod war allgegenwärtig und immer da,

jedem Soldaten im Graben war das klar.

Weihnachten 1916 lagen sie auch schon hier im Graben,

und es gab Kugeln statt schön verpackten Gaben.


Der Tod war hier in den Gräben zuhaus',

ständig ging er ein und aus.

Jeder starb für sich allein,

der nächste Kamerad war froh noch nicht an der Reihe zu sein.


Wie ein Schlachthaus waren die Gräben,

Tod und Totenduft lag jeden Tag in der Luft.

Man warf die Toten nur noch in Bombentrichter hinein,

jeder war mit seiner Angst allein,

es gab wenig Menschlichkeit,

dafür hatte man keine Zeit.


Sie waren Soldaten und mussten sinnlosen Befehlen gehorchen,

100 Meter Angriff nach vorne aus den Gräben hinaus,

auch denen, die lebend zurück kamen, spendete man keinen Applaus.

Jeder war mit sich und seiner Angst allein

und jeder hatte Angst der Nächste zu sein.


Der nächste Angriff sollte im Morgengrauen sein

und jeder Soldat war mit seiner Todesangst allein,

der nächste Angriff sollte im Morgengrauen sein,

schnell wurden noch Briefe nach Hause geschrieben,

für die allein gelassenen Lieben.

Ein paar Männer hielten sich an der Hand,

trotz Entmenschlichung eine Freundschaft sie verband.


Ein Pfiff sie zum Angriff zwang,

wer im Graben blieb, wurde von den Vorgesetzten erschossen,

so sprangen sie hinaus und riefen „Hurra",

es freute sich der Tod „Endlich seid ihr da".


Von dem sinnlosen Angriff kam nicht einer zurück,

heute erinnert an sie nur noch ein hoch aufragendes Metallstück.

Auf dem Metallstück viele Namen zur Erinnerung stehen

und ganz am Ende die Frage: „Wie konnte das alles nur geschehen?"

## KLEINE LIEBE

Sie waren zusammen am Strand,

sie liefen Hand in Hand durch den Sand,

eine kleine Liebe sie verband,

als sie im Wasser unterging, konnte er sie nicht retten,

nur eine kleine Liebe sie verband, hier am Strand.


Im Jahr darauf am gleichen Strand,

lief er mit einer neuen Liebe wieder Hand in Hand

durch den Sand.

## ICH VERMISSE DICH

Ich vermisse dein Lachen,

ich vermisse all' die schönen Sachen.

Ich vermisse deine Nähe im Dunkel der Nacht,

ich vermisse deinen Mund, wenn er so herzlich lacht.

Ich vermisse die Wärme deiner Haut,

ich vermisse deine Hände, die sich viel getraut.

Ich vermisse deine fragenden Augen, die schauen wie ein Kind,

ich vermisse deine wehenden Haare im Wind.

Ich vermisse wie du stehst,

ich vermisse wie du gehst.

Ich vermisse alles von dir,

bitte komm' zurück zu mir.

Ich vermisse dich!

## LEHN DICH AN MICH AN

Wenn du ganz weit unten bist,

wenn du Freude und deine eigene Stärke vermisst,

wenn du glaubst nichts geht mehr,

wenn jeder Schritt, jedes Wort dir fällt schwer.

Wenn die anderen nur noch über dich lachen,

wenn sie hinter deinem Rücken Grimassen machen,

wenn mal wieder nichts funktioniert in deinem Leben,

wenn du meinst alle Hoffnung sei vergebens,

wenn deine Träume zerrinnen wie Sand,

wenn du hältst nichts als Leere in deiner Hand,

wenn alles kaputt und entzwei,

ruf' mich an, ich komme sofort bei dir vorbei.

Ich komme zu dir und du lehnst dich bei mir an

und wir fangen zusammen von vorne an.

## LEBENSNUMMERN

Wozu brauchen wir noch einen eigenen Namen,

wo wir doch tausend Nummern haben,

die Nummer deiner Geburtsurkunde wird dich ein Leben lang begleiten,

mit einer Nummer wirst du dein Schulleben bestreiten.

Gehst du dann irgendwann zur Arbeit hin,

bekommt dein Leben nur durch eine Nummer einen Sinn.

Personalnummer, Krankenversicherungsnummer, Computer-Einlognummer,

ohne Nummern geht es nicht,

ohne Nummer hast du kein Gesicht.

Selbst beim Fußballspielen muss man schon von Weitem sehen,

wer hat die Nummer zehn.

Dein Einberufungsbescheid zum Militär ist mit einer Nummer versehen,

man will ja wissen, wer auf dem Schlachtfeld musste ins Jenseits gehen.

Wird dein Sarg irgendwann im Leichenhaus stehen,

ist auch der mit einer Nummer versehen.

Fragst du im Himmel dann nach wie's weitergeht,

man auf deine Nummer späht.

Also, ich will keine Nummer sein,

ich bin ein Mensch mit einem Namen,

zwar einer von vielen,

aber trotzdem ein Individuum, aus, basta, Amen.

**JENNY SAGT**

Jenny sagt: „Ich möchte leben",

Jenny sagt: „Treibt mich nicht ab",

Jenny sagt: „Ich bin noch zu klein für dieses große Grab".


Jenny sagt: „Ich bin gesund",

Jenny sagt: „Was ist der Grund",

Jenny sagt: „Warum passe ich nicht in euer Leben hinein",

Jenny sagt: „Okay, wenn ihr mich nicht wollt, werde ich niemals euer Sonnenschein".


Jenny sagt: „Lieber zu den Sternen zurück,

       als ein nichtgewolltes Leben ohne Liebe, ohne Glück.

## IN DER HÖLLE GEFANGEN

Der Schuss kam aus dem Hinterhalt

und ehe der Knall verhallt,

war der Soldat, den die Kugel traf, schon tot.

Der Soldat war tot,

doch weiter ging des Schützens Not.

Marschieren, rennen, geschlagen werden,

der Schütze zählt nicht als Mensch hier auf Erden.

Von den eigenen Eltern gegeben weg,

weggegeben in all den Horror, in all den Dreck,

wenn irgendetwas die Hölle hier auf Erden ist,

dann, wenn du mit 12 Jahren Kindersoldat bist.

Sollte er die Hölle überleben,

was soll werden mit dem Rest seines Lebens,

wie soll er jemals wieder lachen,

vergessen all die schrecklichen Sachen?

Eigentlich ist er schon tot,

ohne Seele leben,

das ist keinem Menschen gegeben.

Seine Seele prügelten sie aus ihm heraus,

der Teufel spendete dafür auch großen Applaus.

Sein Plan war aufgegangen,

wieder eine Menschenseele in der Hölle gefangen.

## LEISE FÄLLT DER SCHNEE

Leise fällt der Schnee herab,

er fällt auf Länder, Städte, Menschen,

leise fällt der Schnee herab,

und er fällt auch auf dein Grab.

Der Schnee deckt dein Grab fein zu,

endlich hat deine Seele Ruh'.

Dein Kampf war lange und schwer,

doch jetzt bist du nicht mehr hier.

Leise fällt der Schnee herab

und er fällt auch auf dein Grab.

Du wolltest nicht gehen von hier,

du wolltest bleiben bei mir.

Was hast du gekämpft, was hast du gelitten,

dein Körper durch OP's zerschnitten.

Leise fällt der Schnee auf diese Welt,

könntest du noch leben, gäbe ich dafür all' mein Geld,

doch jetzt fällt der Schnee herab

und er fällt auch auf dein Grab.

Ich steh' da mit Tränen im Gesicht

und ich schäme mich derer nicht.

Du magst zwar nur ein Hamster sein,

doch auch Tiere dürfen bestimmt in den Himmel hinein.

## MACH SIE BESSER

Wenn du dich fragst, wo stehst du im Leben,

wenn du dich fragst, was wurde dir auf deinen Weg mitgegeben,

wenn du merkst, nichts geht voran,

wenn du siehst, alle überholen dich auf der Lebensautobahn,

wenn du immer der Verlierer bist,

wenn keiner mit dir über dein Leben spricht,

wenn du nach Antworten suchst, wo es keine gibt,

wenn nur du selbst dich liebst,

wenn du dich fragst, warum bin ich hier,

wenn keiner sagt, ich steh' zu dir,

wenn du meinst, die Welt ist schlecht,

du hast ja Recht,

aber es liegt an dir,

du kannst die Welt Stück für Stück besser machen,

fange an mit einem freundlichen Lachen.

**LERNE**

Du sollst lernen zu verstehen

und nicht nur das Schlechte sehen.


Du sollst lernen zu vertrauen

und positiv in die Zukunft schauen.


Du sollst lernen zu fragen

und die Fragen nicht auf morgen vertagen.


Du sollst lernen zu erleben

mancher kann dir viel geben.


Du sollst lernen fröhlich zu sein,

vieles erledigt sich von ganz allein.


Du sollst lernen die Sonne zu spüren,

um in ihren Strahlen zu explodieren.


Du sollst lernen das heute nicht gestern ist

und du gestern am besten schnell vergisst.


Du sollst lernen den Wind zu spüren

und wie ein Kind zu diskutieren.


Du sollst lernen wie der Regen fällt,

er fällt auf Gut und Böse in dieser Welt.

Du sollst lernen in dieser Welt zu leben,

sie wird dir viel nehmen, sie wird dir viel geben.


Du sollst lernen nicht deinen Stolz zu verlieren,

sollst dich aber trotzdem mit der Welt arrangieren.


Du sollst lernen fallen und gehen,

aber nach dem Fallen immer wieder aufzustehen.


Du sollst lernen mit deinem Liebling zu gehen

und immer wieder fest zu ihm stehen.


Du sollst lernen viele Wörter nicht zu hören,

sie würden dich nur zerstören.


Du sollst lernen Mensch zu werden,

denn es gibt viel zu wenige hier auf Erden.

## MENSCHEN

Es gibt Menschen, die schätzt man falsch ein,

es gibt Menschen, die lassen dich sofort wieder allein.

Es gibt aber auch Menschen, du glaubst es nicht,

die lassen dich niemals im Stich.

Es gibt Menschen, die sind für dich da,

es gibt Menschen, die sagen zu dir ja.

Es gibt Menschen, wenn du sie brauchst sind sie einfach hier,

es gibt Menschen (nicht viele), die helfen dir.

Es gibt Menschen, die helfen dir,

ohne wenn und aber, sie sind da,

andere kommen erst in einem Jahr.

Es gibt Menschen, auf die kannst du dich verlassen,

es gibt Menschen, die wollen nicht nur dein Geld verprassen.

Es gibt Menschen, die einen sind gut, die anderen sind schlecht,

such' dir die guten, dann kommst du zurecht.

## LIEGEN BLEIBEN

Die Sache war für ihn entschieden,

er sagte sich „heute bleibe ich liegen

und morgen wird man sehen,

ob ich gewillt bin aufzustehen".


Der Rest der Welt fragt sich nun,

was ist mit diesem Menschen zu tun,

einfach liegen bleiben sollte er nicht,

denn er bringt die ganze Arbeitswelt

aus dem Gleichgewicht.


Sollte das Schule machen,

sollte das jeder machen,

wo kämen wir mit den Firmengewinnen hin,

was hätten unsere Aktien noch für einen Sinn?

Wir haben zwar unsere Erde „warm gemacht",

aber unser Bankkonto lacht.


Also, was bleibt dieser Mensch so einfach liegen,

seinen Rücken sollte er doch für ein paar Cent verbiegen,

wenn das andere auch machen,

haben wir Bosse bald nichts mehr zu lachen.

Na ja, das ist ein Einzelfall,

ohne Geld kann er nicht leben

und von uns wird es keines mehr geben.

Aber irgendwie hat es schon was,

einfach liegen zu bleiben

und der Arbeit die kalte Schulter zu zeigen.


Der Stress, die Hektik und das ganze Theater,

einfach nicht mehr hin,

ein Leben mit ganz neuem Sinn.

Ein ursprüngliches Leben um des Lebens Willen

und nicht rennen nach sinnlosen Dingen.

Okay, bleiben wir morgen auch liegen,

aber heute wir uns noch verbiegen.

## MEIN TEDDY

Meinen Teddy lieb ich sehr,

den geb' ich niemals wieder her.

Mein Teddy ist der schönste Teddy auf der Welt,

der ist nicht zu verkaufen, auch nicht für Geld.

Meinen Teddy tausche ich nicht für ein Fahrrad ein,

sonst ist mein Teddy ja ganz allein.

Meinen Teddy lieb ich sehr,

den geb' ich niemals wieder her.

Und wenn ich groß bin kommt halt eine Teddybärin her

und dann lieben wir uns auch so sehr.

**MORGENS AM SPIEGEL**

Wenn die Sonne aufgeht und die endlos lange Nacht ist vorbei,

stehst du im Bad vor dem Spiegel und denkst du brichst entzwei.

Auch diese Nacht kann er nicht nach Haus',

seine letzten Worte zu dir waren „Ich muss hier raus".

Er ging im Streit und zurückgekommen ist er nicht bis heut',

zuerst dachtest du, es macht nichts aus,

du bist stark und gehst halt alleine aus.

Doch nun merkst du erst wie sehr er dir fehlt,

wie die Sehnsucht nach ihm dich quält.

Wenn die Sonne aufgeht und die endlos lange Nacht ist vorbei,

stehst du im Bad vor dem Spiegel und denkst, ich bin doch nur dir treu.

Komm' zurück und bleibe hier bei mir,

ich will doch leben nur mit dir.

## NETTE KOLLEGINNEN

„Nun schau' dir mal diese Klamotten an,

das kann doch wohl nicht sein,

da fällt mir nichts mehr dazu ein."


„Noch etwas mehr Rouge im Gesicht

und man erkennt sie überhaupt nicht."


„In dem Alter solche „jungen Sachen",

das kann man doch nicht machen."


„Also, Größe 36 ist das nicht

und schau' mal, sind da nicht Falten ihrem Gesicht?"


„Bei diesen O-Beinen würde ich weite Hosen anziehen,

aber niemals Leggins."


„Guck mal, wie die isst,

man könnte fast sagen, die frisst."

„Am Computer kennt sie sich auch nicht aus,

weiß wohl grad, was ist eine Maus."


„Die Haare sind doch bestimmt gefärbt,

so ein schönes Blond bekommt man nicht vererbt."


„Lachen tut sie wie ein Pferd,

aber bei der Arbeit mach sie alles verkehrt."

„Wer hat die denn eingestellt,

oh was für eine verrückte Welt."


„Es wird erzählt, das Kind, das sie hat,

ist nicht von ihrem Mann,

mit wem sie wohl da ein Verhältnis begann?"


„Eine Tratsch-Tante soll sie auch sein,

nee, tratschen ist doch billig und gemein."


„Ich werde jetzt wieder an meinen Schreibtisch gehen,

ich kann das Elend hier einfach nicht mehr sehen."


„Kennst du sie eigentlich?"


„Ich kenn' sie nicht,

aber ihr Gesicht gefällt mir nicht."


„Na dann tschüss,

ja tschüssi."

## PRINZ SONNENSCHEIN

Stolz, frei und gerecht wollte er später einmal sein,

ganz wie Prinz Sonnenschein.

Mit seinem Plastikschwert lief er durch die Gänge

und rief dazu „Ich bin Prinz Sonnenschein,

lasst euch ja auf keinen Kampf mit mir ein."


Acht Jahre war er alt und meistens war ihm am Kopfe kalt,

durch die Chemo gingen ihm die Hare aus

und nur selten war er bei sich  zuhaus'.

Die Kinderstation war seine Ritterburg

und der behandelnde Arzt auch mal demütig seinen Hut vor Prinz Sonnenschein zog.

Viel Schönes hatte ihm das Leben bis jetzt nicht gegeben,

doch tapfer wie Prinz Sonnenschein wollte er immer sein.

Eines Tages sagte der Arzt zu den Eltern des Prinzen Sonnenschein:

„Ihr müsst jetzt tapfer sein,

bald wird euer Prinz gehen in den Himmel hinein."


Fest umklammert hielt der kleine Prinz sein Plastikschwert,

seine Seele hatte sich nun von dieser Welt abgekehrt.

Eine Sondergenehmigung gestattete dann,

dass das Schwert mit seinem Prinzen zusammen im Sarg die große Reise begann.


Der Grabstein hatte die Form eines Schwertes

und niemand dachte darüber etwas Verkehrtes,

zu lesen war auf dem Stein:

-Er war unser Prinz Sonnenschein-.

## NACKTE ANGST

Flehend sah er zum Himmel hinauf,

doch das Unheil nahm seinen Lauf,

der Schweiß stand ihm auf der Stirn,

warum nur war er hierher gekommen,

warum nur hatte er freiwillig diesen Folterstuhl erklommen.


Er schwitzte aus allen Poren,

er glaubte, er sei für immer verloren,

doch zur Flucht war es zu spät,

man hatte ihn bereits erspäht.

Seine Hände fingen zu zittern an

und die Welt sich um ihn herum zu drehen begann.

Langsam näherte sich die fremde Hand

mit dem Mordinstrument , das man Zahnarztspiegel nennt.


Fünf Minuten später konnte er gehen,

der Zahnarzt hatte nichts Schlechtes gesehen,

das Adrenalin ging nur langsam zurück,

„Ich lebe noch, was für ein Glück".

Gequält nahm seine Hand den Zettel mit dem neuen Termin entgegen,

noch ein halbes Jahr Zeit, was für ein Segen, was für ein Segen.

## SCHADE

Du hast gekämpft um sie

und doch verloren.

Du warst verliebt in sie

bis über beide Ohren.

Du hast gekämpft um sie

ehrlich und fair,

fiel es dir auch oft sehr schwer.

Du hättest für sie alles gegeben,

sogar dein Leben,

doch sie wollte das alles nicht,

denn sie liebte dich überhaupt nicht.

Schade!

## NOCH FREMD

Was weiß ich schon von dir

und was weißt du von mir?

Du kommst aus einem fremden Land,

wie soll das gehen, werden wir uns immer verstehen?

Man kann ohne Sprache reden,

man kann sich Liebe geben.

Wird unsere Liebe reichen,

oder wird sie nach einiger Zeit weichen?

Deine Kultur versteh' ich noch nicht,

doch in uns brennt hell das Liebeslicht.

Werden wir uns „zusammenraufen",

können wir gemeinsam unsere Kinder taufen?

Ist dein Gott anders als meiner,

sind deine Ansprüche an die Liebe größer oder kleiner,

kann unsere Liebe Brücken bauen,

werden wir uns einander anvertrauen?

Die Zeit wird Antworten bringen,

es wird uns sicher gelingen,

denn wenn zwei Menschen sich lieben,

können sie den ganzen Planeten verbiegen.

## NIE GANZ VERGESSEN

Mag sein, dass wir uns etwas verloren haben in all' den Jahren,

doch ich weiß noch als wir beide sieben waren.


Mag sein, dass es ist lange her,

an vieles erinnere ich mich nicht mehr.

Doch eines weiß ich noch genau,

wir spielten schon damals Mann und Frau.


Mag sein, dass es Schicksal war, als ihr umgezogen in eine andere Stadt,

doch die Trennung durch Zeit und Raum,

war für mich nur ein böser Traum.


Mag sein, dass die Trennung war ein Muss,

doch nie vergesse ich unseren Abschiedskuss,

nie wollte ich verstehen,

dass du andere Wege musstest gehen.


Mag sein, dass es ist lange her,

mag sein, heute an dich zu denken, fällt nicht mehr so schwer,

mag dies alles sein,

doch irgendwie bist du für immer mein.

## ONE NIGHT

Traurigkeit hüllte ihr Herz ein,

sie war allein.

Gegangen war er am Morgen schon früh,

gestreichelt hatte er noch zum Abschied ihr Knie.


Traurigkeit hüllte ihr Herz ein,

schon wieder allein.

Die Nacht mit ihm war schön,

doch von Anfang an war klar,

dass es nur diese eine war.


Sie suchte Liebe, nicht nur für eine Nacht,

aber auch er hatte nur darüber gelacht,

„Ich will Spaß und das war's".


Traurigkeit hüllte ihr Herz ein,

sie war wieder allein.

Sie suchte die Liebe nicht nur für eine Nacht,

wann kommt endlich der eine, der nicht nur lacht?

## SCHÖNER TAG, ABER KURZE ZEIT

Der Tag war schön, viel zu schön um über den Jordan zu gehen.

Aber leider erwischte es ihn auf der Autobahn,

als plötzlich ihm alle kamen entgegen,

da wusste er, „ich habe etwas falsch gemacht",

doch da hatte es auch schon gekracht.


Als er ausstieg und sah das Autowrack

sagte er zu sich „Puh, das war knapp".

Doch als er seinen Körper da liegen sah,

wurde ihm schlagartig klar,

„Oh, was für eine Not,

ich bin ja tot".


Langsam zog es ihn dann nach oben,

immer weiter hinauf

und sein Schicksal nahm seinen Lauf.

Irgendwann sprach ihn eine Stimme an:

„Wohl zu schnell gewesen auf der Autobahn?"


Er nickte stumm und dachte bei sich:

„Das gibt es doch alles gar nicht".

Mit leiser Stimme fragte er:

„Wie komme ich hierher?"

„Du bist im Himmel oben

und wir werden jetzt sehen, ob wir dich verdammen oder loben".

Der Tag war schön, viel zu schön um über den Jordan zu gehen.

Der Notarzt holte ihn ins Leben zurück,

der Sani sagte: „Mann, hat der ein Glück".

Eine leise Stimme flüsterte ihm ins Ohr:

„es ist noch nicht soweit,

du hast noch etwas Zeit,

doch wenn du wieder kommst dann sei bereit,

denn nur kurz ist deine verbleibende Zeit".

## SCHÖN IST ES

Über grüne Wiesen gehen,

dir ganz tief in die Augen sehen.

Den Sonnaufgang zu erleben,

ohne nach Großem zu streben.

Eigene Erfolge erleben,

dir all meine Liebe geben.

Die Wärme der Sonne spüren,

dich zu verführen.

Einen Regenbogen am Himmel sehen,

mit dir in den Sonnenuntergang gehen.

Über einen guten Spaß herzlich lachen,

verrückte Sachen machen.

Nach langer Nacht, noch länger zu schlafen,

dann aufzustehen und in deine blauen Augen sehen.

Stundenlang auf den See, auf die Wellen zu schauen

und einfach dir zu vertrauen.

Zu spüren deine Nähe in der Nacht,

dabei zu sitzen, wenn herzlich wird gelacht.

Nach Krankheit wieder duschen gehen,

nach der Arbeit die Freiheit sehen.

Wenn nach dem Regen die Sonne kommt

und nach der Heißen Sonne der Regen,

ja, so lässt sich's leben.

## SIE LIEBTE ES

Sie liebte es, wenn der Fahrtwind die Haare zerzauste,

sie liebte es, wenn der Wind durch die Kleidung brauste.

Sie liebte es, wenn der Asphalt unter ihren Füßen vorbeiflog,

Sie liebte es, wenn sie ihre langen Runden zog.

Sie liebte auch die langen Fahrten über Stock und Stein,

Sie liebte es, dem freien Himmel nahe zu sein.

Sie liebte es, wenn die Sonne ihr ins Gesicht schien,

Sie liebte es, wenn sie schräg in der Kurve hing.

Sie liebte es, wenn sie stundenlang fuhr geradeaus,

sie liebte es, wenn niemand zu ihr sagte: „Du musst jetzt nach Haus."

Sie hasste es, wenn sie zurück musste ins Behindertenheim,

denn dort war sie wieder ganz allein.

Dort war sie nur die Rollstuhlfahrerin,

die suchte noch im Leben ohne Beine einen Sinn.

## TRUCKER

In seinem Gesicht konnte man lesen

wie die vielen Fahrten waren gewesen.

Gerade hatte er seinen LKW abgestellt

und er sah aus, als sei er fertig mit der Welt.

Grau und zerknittert war sein Gesicht,

auf dieser Welt lebte er in diesem Moment wohl nicht.


Wie viele tausend Kilometer war er wohl in seinem Leben

schon mit dem Truck gefahren.

Wie oft war er schon dem Tod von der Schippe gesprungen,

wie viele Zigaretten zog er nach „Beinahe-Unfällen" nervös in seine Lungen?


Etwas nach vorne gebeugt stand er an seinem LKW,

ihm tat nach der langen Fahrt der Rücken weh.

Wie benommen stand er da,

er war fertig, das war jedem klar, der ihn so sah.

Lange Jahre voll Hektik und Stress waren nicht ohne Spuren an ihm vorbei gegangen,

konnte seine Natur auch diese Fahrt wieder „abfangen"?


In seinem Gesicht konnte man lesen,

wie die vielen Fahrten waren gewesen.

Mit zitternden Händen holte er den Zündschlüssel aus seiner Jackentasche heraus,

er sah ihn an, dann warf er ihn einfach weg,

so, als sei er nur Dreck.

Grau und zerknittert war sein Gesicht,

noch einmal LKW fahren wollte er in seinem Leben nicht.

## SPIEL FÜR DAS LEBEN

Der Bauer wird geopfert im Spiel des Lebens,

für den Bauern ist das Spiel meistens vergebens,

die wenigsten sind am Schluss noch auf dem Brett,

geopfert für den König,

für den König war das Opfer nicht vergebens.

Doch was hat der Bauer davon,

ist geopfert werden seine Religion?

Manchmal fühlst du dich wie ein Läufer oder wie ein Turm

und denkst du kommst mit dem Leben davon.

Doch während des Spiels wird dir klar,

Springer, Läufer und Turm

kommen auch nicht davon,

Selbst die Dame muss geben ihr Leben.

Das helle Licht kämpft gegen die finstere Nacht,

ein Spiel nach dem anderen wird gemacht.

Spielst du für das Licht oder für die Schatten,

am Ende wird der Tod auch auf dich warten.

Vielleicht gibt es für die Spieler des Lichts ein neues Brett,

doch ist die Mannschaft dann komplett?

Wie viel Spieler haben während des Spiels die Farbe getauscht,

der König wird nach der Farbe sortieren,

die einen ins Licht,

die anderen gibt es für ihn nicht.

## TÜTE KARTOFFELCHIPS

Mit einer Tüte Kartoffelchips in seiner Hand,

zieht der kleine Junge durchs Erwachsenenland.

Jeden Morgen wird der Kleine nach draußen geschickt

„und komm nicht vor heute Abend zurück".

Seine Eltern wollen ihre Ruh', wollen ihn nicht sehen,

er soll draußen spielen gehen.

Das Kindergeld wird von seinen Eltern versoffen,

die Nachbarn sind darüber gar sehr betroffen.

Doch der Bub' läuft weiter durch die Gegend allein

und zieht sich, wenn er Hunger hat, die Kartoffelchips rein.

Vor den großen Jungs in der Gegend hat er Angst

denn die schlagen ohne zu fragen zu.

Doch er sucht keinen Streit, er sucht einen Freund,

Tag für Tag, ob es regnet oder schneit,

ob es kalt ist oder die Sonne scheint,

er läuft mit seiner Tüte Chips in der Hand

durchs Erwachsenenland.

Die Erwachsenen interessieren sich nicht für ihn,

So läuft er durch die Gegend, durch die Welt,

eine Welt, in der nichts zählt außer Geld.

Und wenn er mal groß geworden ist,

wohl auch er den kleinen Jungen mit der Tüte Chips vergisst.

## UNTER DEN LINDEN

Unter den Linden, dort unten am See,

wo die Schwäne ziehn',

wo sich hin malt die Allee,

da bin ich geboren, da bin ich zuhaus'.

Gespielt als Kinde mit Mama und Papa,

geschwommen im Wasser,

das Wasser so klar,

doch dann, noch keine 17 Jahr',

gezogen in den Krieg hinaus.

Nun endlich, nach all' den Jahren wieder daheim,

doch nichts ist geblieben, ich bin für immer allein.

## VERLIERE NIE DEINE TRÄUME

Verliere deine Träume nicht,

denn sie sind dein Lebenslicht.

es müssen keine großen Träume sein,

auch kleine halten deine Seele rein.

Viele Träume werden nicht in Erfüllung gehen,

aber sie werden dir helfen dein Leben zu bestehen.


Verliere deine Träume nicht,

denn sie sind dein Lebenslicht,

lass andere ohne Träume erwachsen sein,

deine Träume sind und bleiben dein,

bleibe ein Träumer so lange es geht,

bist du ohne Träume, dann ist es für immer zu spät.

## WARUM GERADE ICH?

Ruhig zieht der Fluss an dir vorbei,

du sitzt am Ufer und vieles ist dir inzwischen einerlei.

Als der Arzt mit dir sprach konntest du nicht verstehen,

warum gerade du solltest bald gehen.

Doch ein Irrtum war es nicht,

ausgehen würde bald dein Licht.

Nun sitzt du hier am Fluss

und weißt genau bald ist Schluss.

Schluss mit allem was dir vertraut und lieb,

warum gerade ich, wer ist der Lebensdieb?

Die Strahlen der Sonne glitzern auf dem Fluss

und du weißt, dass du bald fortgehen musst,

du denkst mit gerade zwanzig Jahren

sollte niemand sein Ende erfahren.

Ruhig zieht der Fluss an dir vorbei,

doch vieles ist nicht mehr wichtig, ist dir einerlei.

Die Strahlen der Sonne wärmen deine Haut,

du möchtest schreien, ganz, ganz laut,

doch du weißt es macht keinen Sinn,

du musst es einfach nehmen hin.

Ruhig zieht der Fluss Richtung Meer

und du ziehst mit ihm ohne Wiederkehr.

## WENN DEINE ZEIT VORÜBER IST

Du kannst dein Leben lang Wellness machen,

kannst aktiv sein in tausend sportlichen Sachen,

wenn deine Zeit vorüber ist, dann musst du gehen,

ob es für dich hier schlecht war oder schön,

du kannst versuchen, allen Gefahren aus dem Wege zu gehen.

Du kannst versuchen niemandem im Wege zu stehen,

schließ' dich in dein Zimmer ein,

du bist auch dort nicht sicher, nur allein.

Wenn deine Zeit vorüber ist, dann musst du gehen,

ob es für dich hier schlecht war oder schön,

wenn deine Zeit vorüber ist, dann glaube an einen neuen Morgen,

bis deine Zeit vorüber ist, mach' dir hier auf Erden keine Sorgen,

du bestimmst nicht,

wann ausgeht dein Lebenslicht.

## WAS FÜR EIN WIND WEHT

Was damals so wichtig war,

was damals war so wunderbar,

es ist verschwunden und kommt nicht mehr zurück,

bei vielem ist es ja ein Glück.

Vieles lebt nur noch im Herzen weiter

und wir erklimmen immer höher die Lebensleiter.

Sprosse für Sprosse ziehen wir uns hoch bis wir ganz oben sind,

bin mal gespannt, was da oben weht für ein Wind.

## WENN DU

Wenn du ganz unten und alleine bist,

wenn du Freude und Zärtlichkeit vermisst,

wenn du traurig am Fenster sitzt,

wenn du glaubst es nützt ja eh' alles nichts,

wenn der kalte Wind die Hoffnung verweht,

wenn du denkst nichts, ja gar nichts mehr geht,

wenn die Nächte unendlich lang,

wenn dir vor dem Morgen bang,

wenn deine Stimme nur noch ein Flüstern ist,

wenn du liebevolle Küsse vermisst,

wenn du weinend in den Spiegel schaust,

wenn du keinem Menschen mehr vertraust,

so glaube mir, ich steh' zu dir,

lass' mich dein Hoffnungsengel sein,

lass' mich in Dein Herz hinein.

## WENN ICH EIN ENGEL WÄR'

Wenn ich ein Engel wär' und könnte fliegen,

würd' ich versuchen, manches wieder grad' zu biegen.


Vielleicht könnten dann Kinder wieder glauben an den Weihnachtsmann,

und viele Menschen wären besser dran.


Vielleicht würd' ich aber auch nur fliegen,

ohne etwas hinzu kriegen,

denn an erster Stelle auf dieser Welt,

steht nun mal das liebe Geld.


Doch probieren würd' ich's schon,

denn die Freude wär' mein Lohn.

## WER KANN SCHON

Wer kann schon von sich sagen er sei gut,

wer kann schon von sich sagen er hätte Mut.


Wer hat in seinem Leben noch nie versagt,

wer war noch nie über sich selbst verzagt.


Wer ist immer nur ehrlich und nett,

wer lag in der Nacht noch nie einsam im Bett.


Wer hat noch nie seine Fehler bereut,

wer hat noch nie über sich selber geweint.


Wer war noch nie unfair und gemein,

wer ließ noch nie seinen besten Freund allein.


Wer hat noch nie schlechte Dinge gemacht,

wer hat noch nie falsch gelacht.


Wer hat noch niemals gelogen,

wer hat noch niemals betrogen.


Wer über sich selbst sagt er habe noch nie Fehler gemacht,

über den wird dann im Himmel herzlich gelacht.

## WER

Wer ist gut, wer ist schlecht,

wer liegt falsch, wer hat Recht.

Wer ist der Looser, wer der Held,

wer ist arm, wer hat viel Geld,

wer ist groß, wer ist klein,

wer kennt die Welt, wer bleibt nur daheim.

Wer ist superschlau, wer nur etwas doof,

wer wohnt im Bungalow, wer im Hinterhof.

wer sieht aus wie ein Modell, wer wie Frankenstein,

wer kennt die große Liebe, wer bleibt allein.

Wer und wie auch immer, am Ende werden alle gehen,

am Ende bleibt die Seele und dann wird man ja sehen, ja sehen.

Herstellung und Verlag:
BoD - Books on Demand, Norderstedt
ISBN 978-3-8370-7251-8